신묘장구 대다라니

사 | 경 | 본

神妙章句大陀羅尼

신묘장구대다라니

조계종출판사

신묘장구대다라니

불교 경전에서 범어(梵語)를 번역하지 않고 소리 나는 그대로 적어놓은 것을 다라니(dhāraṇī)라고 한다. 한량없는 뜻이 함축되어 있다 하여 총지(摠持), 혹은 참된 진리의 말씀이란 의미에서 진언(眞言)이라고도 불린다. 다라니는 대부분 번역 가능한 일반적인 문장으로 이뤄져 있지만, 글귀에 드러나는 일차적인 내용보다 그 안에 들어있는 중첩과 은유가 중시되기 때문에 통상 번역하지 않음을 원칙으로 한다. 다라니 가운데 우리가 가장 쉽게 접할 수 있는 것은 『천수경』안의 '신묘장구대다라니'이다.

『천수경』유형의 경전은 대부분 인도 대승불교 중기 이후에 만들어진 것으로 추정되며 중국에는 6세기~8세기 사이에 번역되었고, 또 중국 당나라로 구법여행을 떠났다 돌아온 의상(義湘, 625년 ~ 702년) 스님을 비롯한 유학승들에 의해 비슷한 시기에 우리나라에도 전해졌다. 이런 『천수경』유형의 경전들에서 중심이 되는 '다라니'는 거의 모두 중간이나 말미에 범어에서 음역된 것이 실려 있다.

우리나라에서는 고려 중기 이후에 불자들의 지송경(持誦經)으로 활발하게 활용되어 오긴 했지만 지금과 거의 유사한 한 권의 『천수경』이 성립된 것은 조선 중후기를 거쳐 근대에 이르러서였다.

모든 『천수경』유형의 경전들처럼 지금의 『천수경』또한 다라니를 중심으로 그 앞에는 다라니 지송의 자세를 설하고 그 뒤에는 다라니 지송이 갖는 공덕과 가피력을 설하는 전형적인 모습을 보인다. 이는 『천수경』이 다라니 중심의 경전으로서, 다라니 지송을 통해 불자로서의 실천적인 신행(信行)이 이뤄짐을 말하는 것이다.

『천수경』의 신묘장구대다라니는 그 구성이 비교적 간단하다. 전체 내용은 관자재 혹은 관세음보살에 귀의(歸依)하여, 염원(念願)을 드리며, 그에 맞는 예찬(禮讚)을 행하는 형식이다.

관세음보살은 인도 전래의 주요 삼신(三神) 가운데 한 분으로 유지의 신으로 추앙받는 비쉬누와 맥이 닿는 까닭에 인도의 고대 브라만교와 이후 힌두교는 물론 불교

를 통해 멀리 현대의 우리나라에 이르기까지 중생들을 맞이하고 계신 분이다.

신묘장구대다라니는 그러한 분에게 중생으로서 지성으로 귀의하여, 불자이자 발원자로서 능동적이고 의욕적인 신행 생활을 영위하고자 함에 힘이 되어 주시기를 바라는 염원을 드리고 있으며, 마지막엔 그러한 염원이 이뤄질 수 있도록 가피력을 내려주실 분에 대한 예찬으로 마무리하고 있다.

현행 『천수경』의 다라니로 본다면 귀의 부분은 처음부터 '~니라간타 나막'까지에 해당하고, 염원 부분은 '하리나야 마발다 ~ 모다야 모다야'까지이며, 예찬 부분은 '매다리야 니라간타~'부터 마지막까지이다. 이 세 부분, 즉 신묘장구대다라니 전체를 압축하여 짧은 한 문장으로 표현한다면 다름 아닌, 한국불교에서 신라 때부터 지금까지 여전히 그 빛이 바래지 않고 있는 주력인 '나무 관세음보살'인 셈이다.

현대에 이르러 신묘장구대다라니를 대하는 시각 또한 적지 않은 변화를 맞고 있다. 다라니를 전래의 방식대로 독송해야 하는가? 아니면 원어인 범어에 기초하여 고쳐 읽어야 하는가? 그러고도 제기될 수 있는 몇 가지 의문이 있지만, 독송에 대한 한 가지 의견을 제시하며 글을 마감한다.

베다를 비롯한 브라만의 모든 만뜨라와 다라니들이 절대존재 브라흐만의 읊조림을 선인들이 그대로 듣고 기억하여 전승한 것이기에 절대적인 권위와 가치를 지닌다고 여기는 브라만교적인 가르침에 의한다면 신묘장구대다라니의 발음은 원음으로 변경되어야 마땅하다. 그러나 브라흐만이나 아뜨만의 존재에 대한 절대성을 받아들이지 않고 그것을 포함한 모든 것이 연기(緣起)에 의한 상대적인 것이라는 부처님의 가르침에 의한다면 애초에 신묘장구대다라니가 우리말로 옮겨진 후 오랫동안 대대로 독송됨으로써 '한글다라니'로서의 생명력이 부여된 '우리말 천수경 다라니'의 발음은 그것의 '범어 원음'이란 것으로 대체되어서는 안 된다.

현진 스님
(대한불교조계종 교육원 교육아사리 / 봉선사 범어연구소 소장)

사경이란

사경은 부처님의 가르침이 담긴 경전과 다라니 등을 옮겨 쓰는 것을 말합니다. 이는 경전을 깊이 이해하려는 목적도 있지만, 신심을 증장시키고 참회와 발원 삼매에 이르는 수행적 의미가 큽니다.

또한 돌아가신 부모의 명복과 나라의 안녕을 위한 발원으로 사경한 내용을 불상, 탑 등에 모실 때 사리 및 장엄구 등과 함께 봉안하여 부처님의 말씀을 후대에 전한다는 의미가 있습니다.

● 사경의 가치 ●

· 만약 어떤 사람이 경전을 사경, 수지, 해설하면 대원을 성취한다

_법화경 법사공덕품

· 사경의 공덕이 탑을 조성하는 것보다 수승하다

_ 도행반야경 탑품

    정성을 다해 사경하는 이에게는 관세음보살님의 가피와 위신력으로 번뇌와 어리석은 마음이 없어지고 지혜가 생겨납니다. 또한 마음이 안정되고 평화로워져 미소가 떠나지 않습니다. 내면의 평화는 집안의 평화를 가져오고 참회와 업장소멸, 소원성취가 절로 이뤄집니다.
    사경을 반드시 처음부터 끝까지 한 번에 써내려갈 필요는 없습니다. 마음속에 새기고 싶은 구절이 있을 때에는 여러 번 읽고 사색에 잠기는 것도 좋습니다. 사경을 통해 내용을 '나의 것'으로 만들고 공덕을 쌓는 것이야말로 진정한 사경의 가치라 할 수 있습니다.

● 사경의 공덕 ●

· 어리석고 어둡던 마음이 밝아지고 총명해진다.
· 심한 번민과 갈등이 가라앉고 편안한 마음을 회복한다.
· 오랜 병고가 무너지고 심신이 강건해진다.
· 속세의 업장이 소멸되고 마음은 무한한 기쁨과 환희심으로 충만된다.
· 소원이 이루어지고 한량없는 부처님의 가피력을 지닌다.
· 인내력과 정진력이 뛰어나 어려운 일 없이 모든 일이 원만히 성취된다.

● 사경의 방법 ●

1. 몸을 정결히 하고 옷차림을 단정히 합니다.

   (사경 준비 : 사경상, 방석, 필기도구 등)

2. 경건한 마음으로 합장하며 사경할 부분을 독송합니다.

3. 마음을 고요히 하고 정성스레 사경을 시작합니다.

4. 사경을 마친 후 옮겨 쓴 경을 독송합니다.

5. 독송이 끝나면 사경한 날짜를 쓰고, 사경 발원문을 생각하며 축원합니다.

6. 삼배로 의식을 마칩니다.

7. 완성된 사경은 집 안에서 가장 높은 곳이나 정갈한 곳에 보관하거나 부처님 전에
   올립니다.

● 사경 횟수 ●

• 이 사경집은 신묘장구대다라니를 33번 쓸 수 있도록 엮었습니다.
  부족하다고 여겨지면 형편에 맞춰 더 사경하시는 것이 좋습니다.

• 무작정 사경 횟수만을 맞추기보다는 각자의 원력이나 형편에 맞추어 쓰면서
  기도하시기 바랍니다.

발 원 문

발원재자 發願齋者 :

신묘장구 대다라니

신묘장구 대다라니 神妙章句 大陀羅尼

나모 라다나 다라야야 나막알약 바로기제 새
바라야 모지사다바야 마하사다바야 마하가
로 니가야 옴 살바 바예수 다라나 가라야 다
사명 나막 까리다바 이맘알야 바로기제 새바
라 다바 니라간타 나막하리나야 마발다 이사
미 살발타 사다남 수반아예염 살바보다남 바
바마라 미수다감 다냐타 옴 아로계 아로가
마지로가 지가란제 혜혜하례 마하모지 사다
바 사마라 사마라 하리나야 구로구로 갈마
사다야 사다야 도로도로 미연제 마하미연제
다라다라 다린 나례 새바라 자라자라 마라미
마라 아마라 몰제예혜혜 로계새바라 라아 미
사미 나사야 나베사미사미 나사야 모하자라

미사미 나사야 호로호로 마라호로 하례 바나
마나바 사라사라 시리시리 소로소로 못쟈못
쟈 모다야 모다야 매다리야 니라간타 가마사
날사남 바라하라나야 마낙 사바하 싯다야 사
바하 마하싯다야 사바하 싯다유예 새바라야
사바하 니라간타야 사바하 바라하 목카싱하
목카야 사바하 바나마 하따야 사바하 자가라
욕다야 사바하 상카섭나네 모다나야 사바하
마하라 구타다라야 사바하 바마사간타 이사
시체다 가릿나 이나야 사바하 먀가라 잘마니
바 사나야 사바하 나모라 다나다라 야야 나
막알야 바로기제 새바라야 사바하

사경한 날 :   년   월   일

신묘장구 대다라니 神妙章句 大陀羅尼

나모 라다나 다라야야 나막알약 바로기제 새
바라야 모지사다바야 마하사다바야 마하가
로 니가야 옴 살바 바예수 다라나 가라야 다
사명 나막 까리다바 이맘알야 바로기제 새바
라 다바 니라간타 나막하리나야 마발다 이사
미 살발타 사다남 수반아예염 살바보다남 바
바마라 미수다감 다냐타 옴 아로계 아로가
마지로가 지가란제 혜혜하례 마하모지 사다
바 사마라 사마라 하리나야 구로구로 갈마
사다야 사다야 도로도로 미연제 마하미연제
다라다라 다린 나례 새바라 자라자라 마라미
마라 아마라 몰제예혜혜 로계새바라 라아 미
사미 나사야 나베사미사미 나사야 모하자라

미사미 나사야 호로호로 마라호로 하례 바나
마나바 사라사라 시리시리 소로소로 못쟈못
쟈 모다야 모다야 매다리야 니라간타 가마사
날사남 바라하라나야 마낙 사바하 싯다야 사
바하 마하싯다야 사바하 싯다유예 새바라야
사바하 니라간타야 사바하 바라하 목카싱하
목카야 사바하 바나마 하따야 사바하 자가라
욕다야 사바하 상카섭나네 모다나야 사바하
마하라 구타다라야 사바하 바마사간타 이사
시체다 가릿나 이나야 사바하 먀가라 잘마니
바 사나야 사바하 나모라 다나다라 야야 나
막알야 바로기제 새바라야 사바하

사경한 날 :   년   월   일

신묘장구 대다라니 神妙章句 大陀羅尼

나모 라다나 다라야야 나막알약 바로기제 새
바라야 모지사다바야 마하사다바야 마하가
로 니가야 옴 살바 바예수 다라나 가라야 다
사명 나막 까리다바 이맘알야 바로기제 새바
라 다바 니라간타 나막하리나야 마발다 이사
미 살발타 사다남 수반아예염 살바보다남 바
바마라 미수다감 다냐타 옴 아로계 아로가
마지로가 지가란제 혜혜하례 마하모지 사다
바 사마라 사마라 하리나야 구로구로 갈마
사다야 사다야 도로도로 미연제 마하미연제
다라다라 다린 나례 새바라 자라자라 마라미
마라 아마라 몰제예혜혜 로계새바라 라아 미
사미 나사야 나베사미사미 나사야 모하자라

미사미 나사야 호로호로 마라호로 하례 바나
마나바 사라사라 시리시리 소로소로 못쟈못
쟈 모다야 모다야 매다리야 니라간타 가마사
날사남 바라하라나야 마낙 사바하 싯다야 사
바하 마하싯다야 사바하 싯다유예 새바라야
사바하 니라간타야 사바하 바라하 목카싱하
목카야 사바하 바나마 하따야 사바하 자가라
욕다야 사바하 상카섭나네 모다나야 사바하
마하라 구타다라야 사바하 바마사간타 이사
시체다 가릿나 이나야 사바하 먀가라 잘마니
바 사나야 사바하 나모라 다나다라 야야 나
막알야 바로기제 새바라야 사바하

사경한 날 :   년   월   일

신묘장구 대다라니 神妙章句 大陀羅尼

나모 라다나 다라야야 나막알약 바로기제 새
바라야 모지사다바야 마하사다바야 마하가
로 니가야 옴 살바 바예수 다라나 가라야 다
사명 나막 까리다바 이맘알야 바로기제 새바
라 다바 니라간타 나막하리나야 마발다 이사
미 살발타 사다남 수반아예염 살바보다남 바
바마라 미수다감 다냐타 옴 아로계 아로가
마지로가 지가란제 혜혜하례 마하모지 사다
바 사마라 사마라 하리나야 구로구로 갈마
사다야 사다야 도로도로 미연제 마하미연제
다라다라 다린 나례 새바라 자라자라 마라미
마라 아마라 몰제예혜혜 로계새바라 라아 미
사미 나사야 나베사미사미 나사야 모하자라

미사미 나사야 호로호로 마라호로 하례 바나
마나바 사라사라 시리시리 소로소로 못쟈못
쟈 모다야 모다야 매다리야 니라간타 가마사
날사남 바라하라나야 마낙 사바하 싯다야 사
바하 마하싯다야 사바하 싯다유예 새바라야
사바하 니라간타야 사바하 바라하 목카싱하
목카야 사바하 바나마 하따야 사바하 자가라
욕다야 사바하 상카섭나네 모다나야 사바하
마하라 구타다라야 사바하 바마사간타 이사
시체다 가릿나 이나야 사바하 먀가라 잘마니
바 사나야 사바하 나모라 다나다라 야야 나
막알야 바로기제 새바라야 사바하

신묘장구 대다라니 神妙章句 大陀羅尼

나모 라다나 다라야야 나막알약 바로기제 새
바라야 모지사다바야 마하사다바야 마하가
로 니가야 옴 살바 바예수 다라나 가라야 다
사명 나막 까리다바 이맘알야 바로기제 새바
라 다바 니라간타 나막하리나야 마발다 이사
미 살발타 사다남 수반아예염 살바보다남 바
바마라 미수다감 다냐타 옴 아로계 아로가
마지로가 지가란제 혜혜하례 마하모지 사다
바 사마라 사마라 하리나야 구로구로 갈마
사다야 사다야 도로도로 미연제 마하미연제
다라다라 다린 나례 새바라 자라자라 마라미
마라 아마라 몰제예혜혜 로계새바라 라아 미
사미 나사야 나베사미사미 나사야 모하자라

미사미 나사야 호로호로 마라호로 하례 바나
마나바 사라사라 시리시리 소로소로 못쟈못
쟈 모다야 모다야 매다리야 니라간타 가마사
날사남 바라하라나야 마낙 사바하 싯다야 사
바하 마하싯다야 사바하 싯다유예 새바라야
사바하 니라간타야 사바하 바라하 목카싱하
목카야 사바하 바나마 하따야 사바하 자가라
욕다야 사바하 상카섭나네 모다나야 사바하
마하라 구타다라야 사바하 바마사간타 이사
시체다 가릿나 이나야 사바하 먀가라 잘마니
바 사나야 사바하 나모라 다나다라 야야 나
막알야 바로기제 새바라야 사바하

사경한 날 :   년   월   일

신묘장구 대다라니 神妙章句 大陀羅尼

나모 라다나 다라야야 나막알약 바로기제 새
바라야 모지사다바야 마하사다바야 마하가
로 니가야 옴 살바 바예수 다라나 가라야 다
사명 나막 까리다바 이맘알야 바로기제 새바
라 다바 니라간타 나막하리나야 마발다 이사
미 살발타 사다남 수반아예염 살바보다남 바
바마라 미수다감 다냐타 옴 아로계 아로가
마지로가 지가란제 혜혜하례 마하모지 사다
바 사마라 사마라 하리나야 구로구로 갈마
사다야 사다야 도로도로 미연제 마하미연제
다라다라 다린 나례 새바라 자라자라 마라미
마라 아마라 몰제예혜혜 로계새바라 라아 미
사미 나사야 나베사미사미 나사야 모하자라

미사미 나사야 호로호로 마라호로 하례 바나
마나바 사라사라 시리시리 소로소로 못쟈못
쟈 모다야 모다야 매다리야 니라간타 가마사
날사남 바라하라나야 마낙 사바하 싯다야 사
바하 마하싯다야 사바하 싯다유예 새바라야
사바하 니라간타야 사바하 바라하 목카싱하
목카야 사바하 바나마 하따야 사바하 자가라
욕다야 사바하 상카섭나네 모다나야 사바하
마하라 구타다라야 사바하 바마사간타 이사
시체다 가릿나 이나야 사바하 먀가라 잘마니
바 사나야 사바하 나모라 다나다라 야야 나
막알야 바로기제 새바라야 사바하

사경한 날 :   년   월   일

신묘장구 대다라니 神妙章句 大陀羅尼

나모 라다나 다라야야 나막알약 바로기제 새
바라야 모지사다바야 마하사다바야 마하가
로 니가야 옴 살바 바예수 다라나 가라야 다
사명 나막 까리다바 이맘알야 바로기제 새바
라 다바 니라간타 나막하리나야 마발다 이사
미 살발타 사다남 수반아예염 살바보다남 바
바마라 미수다감 다냐타 옴 아로계 아로가
마지로가 지가란제 혜혜하례 마하모지 사다
바 사마라 사마라 하리나야 구로구로 갈마
사다야 사다야 도로도로 미연제 마하미연제
다라다라 다린 나례 새바라 자라자라 마라미
마라 아마라 몰제예혜혜 로계새바라 라아 미
사미 나사야 나베사미사미 나사야 모하자라

미사미 나사야 호로호로 마라호로 하례 바나
마나바 사라사라 시리시리 소로소로 못쟈못
쟈 모다야 모다야 매다리야 니라간타 가마사
날사남 바라하라나야 마낙 사바하 싯다야 사
바하 마하싯다야 사바하 싯다유예 새바라야
사바하 니라간타야 사바하 바라하 목카싱하
목카야 사바하 바나마 하따야 사바하 자가라
욕다야 사바하 상카섭나네 모다나야 사바하
마하라 구타다라야 사바하 바마사간타 이사
시체다 가릿나 이나야 사바하 먀가라 잘마니
바 사나야 사바하 나모라 다나다라 야야 나
막알야 바로기제 새바라야 사바하

사경한 날 :   년   월   일

신묘장구 대다라니 神妙章句 大陀羅尼

나모 라다나 다라야야 나막알약 바로기제 새

바라야 모지사다바야 마하사다바야 마하가

로 니가야 옴 살바 바예수 다라나 가라야 다

사명 나막 까리다바 이맘알야 바로기제 새바

라 다바 니라간타 나막하리나야 마발다 이사

미 살발타 사다남 수반아예염 살바보다남 바

바마라 미수다감 다냐타 옴 아로계 아로가

마지로가 지가란제 혜혜하례 마하모지 사다

바 사마라 사마라 하리나야 구로구로 갈마

사다야 사다야 도로도로 미연제 마하미연제

다라다라 다린 나례 새바라 자라자라 마라미

마라 아마라 몰제예혜혜 로계새바라 라아 미

사미 나사야 나베사미사미 나사야 모하자라

미사미 나사야 호로호로 마라호로 하례 바나
마나바 사라사라 시리시리 소로소로 못쟈못
쟈 모다야 모다야 매다리야 니라간타 가마사
날사남 바라하라나야 마낙 사바하 싯다야 사
바하 마하싯다야 사바하 싯다유예 새바라야
사바하 니라간타야 사바하 바라하 목카싱하
목카야 사바하 바나마 하따야 사바하 자가라
욕다야 사바하 상카섭나네 모다나야 사바하
마하라 구타다라야 사바하 바마사간타 이사
시체다 가릿나 이나야 사바하 먀가라 잘마니
바 사나야 사바하 나모라 다나다라 야야 나
막알야 바로기제 새바라야 사바하

사경한 날 :   년   월   일

신묘장구 대다라니 神妙章句 大陀羅尼

나모 라다나 다라야야 나막알약 바로기제 새
바라야 모지사다바야 마하사다바야 마하가
로 니가야 옴 살바 바예수 다라나 가라야 다
사명 나막 까리다바 이맘알야 바로기제 새바
라 다바 니라간타 나막하리나야 마발다 이사
미 살발타 사다남 수반아예염 살바보다남 바
바마라 미수다감 다냐타 옴 아로계 아로가
마지로가 지가란제 혜혜하례 마하모지 사다
바 사마라 사마라 하리나야 구로구로 갈마
사다야 사다야 도로도로 미연제 마하미연제
다라다라 다린 나례 새바라 자라자라 마라미
마라 아마라 몰제예혜혜 로계새바라 라아 미
사미 나사야 나베사미사미 나사야 모하자라

미사미 나사야 호로호로 마라호로 하례 바나
마나바 사라사라 시리시리 소로소로 못쟈못
쟈 모다야 모다야 매다리야 니라간타 가마사
날사남 바라하라나야 마낙 사바하 싯다야 사
바하 마하싯다야 사바하 싯다유예 새바라야
사바하 니라간타야 사바하 바라하 목카싱하
목카야 사바하 바나마 하따야 사바하 자가라
욕다야 사바하 상카섭나네 모다나야 사바하
마하라 구타다라야 사바하 바마사간타 이사
시체다 가릿나 이나야 사바하 먀가라 잘마니
바 사나야 사바하 나모라 다나다라 야야 나
막알야 바로기제 새바라야 사바하

신묘장구 대다라니 神妙章句 大陀羅尼

나모 라다나 다라야야 나막알약 바로기제 새
바라야 모지사다바야 마하사다바야 마하가
로 니가야 옴 살바 바예수 다라나 가라야 다
사명 나막 까리다바 이맘알야 바로기제 새바
라 다바 니라간타 나막하리나야 마발다 이사
미 살발타 사다남 수반아예염 살바보다남 바
바마라 미수다감 다냐타 옴 아로계 아로가
마지로가 지가란제 혜혜하례 마하모지 사다
바 사마라 사마라 하리나야 구로구로 갈마
사다야 사다야 도로도로 미연제 마하미연제
다라다라 다린 나례 새바라 자라자라 마라미
마라 아마라 몰제예혜혜 로계새바라 라아 미
사미 나사야 나베사미사미 나사야 모하자라

미사미 나사야 호로호로 마라호로 하례 바나
마나바 사라사라 시리시리 소로소로 못쟈못
쟈 모다야 모다야 매다리야 니라간타 가마사
날사남 바라하라나야 마낙 사바하 싯다야 사
바하 마하싯다야 사바하 싯다유예 새바라야
사바하 니라간타야 사바하 바라하 목카싱하
목카야 사바하 바나마 하따야 사바하 자가라
욕다야 사바하 상카섭나네 모다나야 사바하
마하라 구타다라야 사바하 바마사간타 이사
시체다 가릿나 이나야 사바하 먀가라 잘마니
바 사나야 사바하 나모라 다나다라 야야 나
막알야 바로기제 새바라야 사바하

사경한 날 :　　　년　　월　　일

신묘장구 대다라니 神妙章句 大陀羅尼

나모 라다나 다라야야 나막알약 바로기제 새
바라야 모지사다바야 마하사다바야 마하가
로 니가야 옴 살바 바예수 다라나 가라야 다
사명 나막 까리다바 이맘알야 바로기제 새바
라 다바 니라간타 나막하리나야 마발다 이사
미 살발타 사다남 수반아예염 살바보다남 바
바마라 미수다감 다냐타 옴 아로계 아로가
마지로가 지가란제 혜혜하례 마하모지 사다
바 사마라 사마라 하리나야 구로구로 갈마
사다야 사다야 도로도로 미연제 마하미연제
다라다라 다린 나례 새바라 자라자라 마라미
마라 아마라 몰제예혜혜 로계새바라 라아 미
사미 나사야 나베사미사미 나사야 모하자라

미사미 나사야 호로호로 마라호로 하례 바나
마나바 사라사라 시리시리 소로소로 못쟈못
쟈 모다야 모다야 매다리야 니라간타 가마사
날사남 바라하라나야 마낙 사바하 싯다야 사
바하 마하싯다야 사바하 싯다유예 새바라야
사바하 니라간타야 사바하 바라하 목카싱하
목카야 사바하 바나마 하따야 사바하 자가라
욕다야 사바하 상카섭나네 모다나야 사바하
마하라 구타다라야 사바하 바마사간타 이사
시체다 가릿나 이나야 사바하 먀가라 잘마니
바 사나야 사바하 나모라 다나다라 야야 나
막알야 바로기제 새바라야 사바하

사경한 날 :   년   월   일

33

신묘장구 대다라니 神妙章句 大陀羅尼

나모 라다나 다라야야 나막알약 바로기제 새

바라야 모지사다바야 마하사다바야 마하가

로 니가야 옴 살바 바예수 다라나 가라야 다

사명 나막 까리다바 이맘알야 바로기제 새바

라 다바 니라간타 나막하리나야 마발다 이사

미 살발타 사다남 수반아예염 살바보다남 바

바마라 미수다감 다냐타 옴 아로계 아로가

마지로가 지가란제 혜혜하례 마하모지 사다

바 사마라 사마라 하리나야 구로구로 갈마

사다야 사다야 도로도로 미연제 마하미연제

다라다라 다린 나례 새바라 자라자라 마라미

마라 아마라 몰제예혜혜 로계새바라 라아 미

사미 나사야 나베사미사미 나사야 모하자라

미사미 나사야 호로호로 마라호로 하례 바나
마나바 사라사라 시리시리 소로소로 못쟈못
쟈 모다야 모다야 매다리야 니라간타 가마사
날사남 바라하라나야 마낙 사바하 싯다야 사
바하 마하싯다야 사바하 싯다유예 새바라야
사바하 니라간타야 사바하 바라하 목카싱하
목카야 사바하 바나마 하따야 사바하 자가라
욕다야 사바하 상카섭나네 모다나야 사바하
마하라 구타다라야 사바하 바마사간타 이사
시체다 가릿나 이나야 사바하 먀가라 잘마니
바 사나야 사바하 나모라 다나다라 야야 나
막알야 바로기제 새바라야 사바하

사경한 날 :   년   월   일

신묘장구 대다라니 神妙章句 大陀羅尼

나모 라다나 다라야야 나막알약 바로기제 새

바라야 모지사다바야 마하사다바야 마하가

로 니가야 옴 살바 바예수 다라나 가라야 다

사명 나막 까리다바 이맘알야 바로기제 새바

라 다바 니라간타 나막하리나야 마발다 이사

미 살발타 사다남 수반아예염 살바보다남 바

바마라 미수다감 다냐타 옴 아로계 아로가

마지로가 지가란제 혜혜하례 마하모지 사다

바 사마라 사마라 하리나야 구로구로 갈마

사다야 사다야 도로도로 미연제 마하미연제

다라다라 다린 나례 새바라 자라자라 마라미

마라 아마라 몰제예혜혜 로계새바라 라아 미

사미 나사야 나베사미사미 나사야 모하자라

미사미 나사야 호로호로 마라호로 하례 바나
마나바 사라사라 시리시리 소로소로 못쟈못
쟈 모다야 모다야 매다리야 니라간타 가마사
날사남 바라하라나야 마낙 사바하 싯다야 사
바하 마하싯다야 사바하 싯다유예 새바라야
사바하 니라간타야 사바하 바라하 목카싱하
목카야 사바하 바나마 하따야 사바하 자가라
욕다야 사바하 상카섭나네 모다나야 사바하
마하라 구타다라야 사바하 바마사간타 이사
시체다 가릿나 이나야 사바하 먀가라 잘마니
바 사나야 사바하 나모라 다나다라 야야 나
막알야 바로기제 새바라야 사바하

사경한 날 :　　　 년　　 월　　 일

37

신묘장구 대다라니 神妙章句 大陀羅尼

나모 라다나 다라야야 나막알약 바로기제 새
바라야 모지사다바야 마하사다바야 마하가
로 니가야 옴 살바 바예수 다라나 가라야 다
사명 나막 까리다바 이맘알야 바로기제 새바
라 다바 니라간타 나막하리나야 마발다 이사
미 살발타 사다남 수반아예염 살바보다남 바
바마라 미수다감 다냐타 옴 아로계 아로가
마지로가 지가란제 혜혜하례 마하모지 사다
바 사마라 사마라 하리나야 구로구로 갈마
사다야 사다야 도로도로 미연제 마하미연제
다라다라 다린 나례 새바라 자라자라 마라미
마라 아마라 몰제예혜혜 로계새바라 라아 미
사미 나사야 나베사미사미 나사야 모하자라

미사미 나사야 호로호로 마라호로 하례 바나

마나바 사라사라 시리시리 소로소로 못자못

자 모다야 모다야 매다리야 니라간타 가마사

날사남 바라하라나야 마낙 사바하 싯다야 사

바하 마하싯다야 사바하 싯다유예 새바라야

사바하 니라간타야 사바하 바라하 목카싱하

목카야 사바하 바나마 하따야 사바하 자가라

욕다야 사바하 상카섭나네 모다나야 사바하

마하라 구타다라야 사바하 바마사간타 이사

시체다 가릿나 이나야 사바하 먀가라 잘마니

바 사나야 사바하 나모라 다나다라 야야 나

막알야 바로기제 새바라야 사바하

사경한 날 :   년   월   일

신묘장구 대다라니 神妙章句 大陀羅尼

나모 라다나 다라야야 나막알약 바로기제 새
바라야 모지사다바야 마하사다바야 마하가
로 니가야 옴 살바 바예수 다라나 가라야 다
사명 나막 까리다바 이맘알야 바로기제 새바
라 다바 니라간타 나막하리나야 마발다 이사
미 살발타 사다남 수반아예염 살바보다남 바
바마라 미수다감 다냐타 옴 아로계 아로가
마지로가 지가란제 혜혜하례 마하모지 사다
바 사마라 사마라 하리나야 구로구로 갈마
사다야 사다야 도로도로 미연제 마하미연제
다라다라 다린 나례 새바라 자라자라 마라미
마라 아마라 몰제예혜혜 로계새바라 라아 미
사미 나사야 나베사미사미 나사야 모하자라

미사미 나사야 호로호로 마라호로 하례 바나
마나바 사라사라 시리시리 소로소로 못자못
쟈 모다야 모다야 매다리야 니라간타 가마사
날사남 바라하라나야 마낙 사바하 싯다야 사
바하 마하싯다야 사바하 싯다유예 새바라야
사바하 니라간타야 사바하 바라하 목카싱하
목카야 사바하 바나마 하따야 사바하 자가라
욕다야 사바하 상카섭나네 모다나야 사바하
마하라 구타다라야 사바하 바마사간타 이사
시체다 가릿나 이나야 사바하 먀가라 잘마니
바 사나야 사바하 나모라 다나다라 야야 나
막알야 바로기제 새바라야 사바하

사경한 날 :   년   월   일

신묘장구 대다라니 神妙章句 大陀羅尼

나모 라다나 다라야야 나막알약 바로기제 새
바라야 모지사다바야 마하사다바야 마하가
로 니가야 옴 살바 바예수 다라나 가라야 다
사명 나막 까리다바 이맘알야 바로기제 새바
라 다바 니라간타 나막하리나야 마발다 이사
미 살발타 사다남 수반아예염 살바보다남 바
바마라 미수다감 다냐타 옴 아로계 아로가
마지로가 지가란제 혜혜하례 마하모지 사다
바 사마라 사마라 하리나야 구로구로 갈마
사다야 사다야 도로도로 미연제 마하미연제
다라다라 다린 나례 새바라 자라자라 마라미
마라 아마라 몰제예혜혜 로계새바라 라아 미
사미 나사야 나베사미사미 나사야 모하자라

미사미 나사야 호로호로 마라호로 하례 바나
마나바 사라사라 시리시리 소로소로 못쟈못
쟈 모다야 모다야 매다리야 니라간타 가마사
날사남 바라하라나야 마낙 사바하 싯다야 사
바하 마하싯다야 사바하 싯다유예 새바라야
사바하 니라간타야 사바하 바라하 목카싱하
목카야 사바하 바나마 하따야 사바하 자가라
욕다야 사바하 상카섭나네 모다나야 사바하
마하라 구타다라야 사바하 바마사간타 이사
시체다 가릿나 이나야 사바하 먀가라 잘마니
바 사나야 사바하 나모라 다나다라 야야 나
막알야 바로기제 새바라야 사바하

사경한 날 :   년   월   일

신묘장구 대다라니 神妙章句 大陀羅尼

나모 라다나 다라야야 나막알약 바로기제 새
바라야 모지사다바야 마하사다바야 마하가
로 니가야 옴 살바 바예수 다라나 가라야 다
사명 나막 까리다바 이맘알야 바로기제 새바
라 다바 니라간타 나막하리나야 마발다 이사
미 살발타 사다남 수반아예염 살바보다남 바
바마라 미수다감 다냐타 옴 아로계 아로가
마지로가 지가란제 혜혜하례 마하모지 사다
바 사마라 사마라 하리나야 구로구로 갈마
사다야 사다야 도로도로 미연제 마하미연제
다라다라 다린 나례 새바라 자라자라 마라미
마라 아마라 몰제예혜혜 로계새바라 라아 미
사미 나사야 나베사미사미 나사야 모하자라

미사미 나사야 호로호로 마라호로 하례 바나
마나바 사라사라 시리시리 소로소로 못쟈못
쟈 모다야 모다야 매다리야 니라간타 가마사
날사남 바라하라나야 마낙 사바하 싯다야 사
바하 마하싯다야 사바하 싯다유예 새바라야
사바하 니라간타야 사바하 바라하 목카싱하
목카야 사바하 바나마 하따야 사바하 자가라
욕다야 사바하 상카섭나네 모다나야 사바하
마하라 구타다라야 사바하 바마사간타 이사
시체다 가릿나 이나야 사바하 먀가라 잘마니
바 사나야 사바하 나모라 다나다라 야야 나
막알야 바로기제 새바라야 사바하

사경한 날 :   년   월   일

신묘장구 대다라니 神妙章句 大陀羅尼

나모 라다나 다라야야 나막알약 바로기제 새
바라야 모지사다바야 마하사다바야 마하가
로 니가야 옴 살바 바예수 다라나 가라야 다
사명 나막 까리다바 이맘알야 바로기제 새바
라 다바 니라간타 나막하리나야 마발다 이사
미 살발타 사다남 수반아예염 살바보다남 바
바마라 미수다감 다냐타 옴 아로계 아로가
마지로가 지가란제 혜혜하례 마하모지 사다
바 사마라 사마라 하리나야 구로구로 갈마
사다야 사다야 도로도로 미연제 마하미연제
다라다라 다린 나례 새바라 자라자라 마라미
마라 아마라 몰제예혜혜 로계새바라 라아 미
사미 나사야 나베사미사미 나사야 모하자라

미사미 나사야 호로호로 마라호로 하례 바나
마나바 사라사라 시리시리 소로소로 못쟈못
쟈 모다야 모다야 매다리야 니라간타 가마사
날사남 바라하라나야 마낙 사바하 싯다야 사
바하 마하싯다야 사바하 싯다유예 새바라야
사바하 니라간타야 사바하 바라하 목카싱하
목카야 사바하 바나마 하따야 사바하 자가라
욕다야 사바하 상카섭나네 모다나야 사바하
마하라 구타다라야 사바하 바마사간타 이사
시체다 가릿나 이나야 사바하 먀가라 잘마니
바 사나야 사바하 나모라 다나다라 야야 나
막알야 바로기제 새바라야 사바하

사경한 날 :   년   월   일

신묘장구 대다라니 神妙章句 大陀羅尼

나모 라다나 다라야야 나막알약 바로기제 새

바라야 모지사다바야 마하사다바야 마하가

로 니가야 옴 살바 바예수 다라나 가라야 다

사명 나막 까리다바 이맘알야 바로기제 새바

라 다바 니라간타 나막하리나야 마발다 이사

미 살발타 사다남 수반아예염 살바보다남 바

바마라 미수다감 다냐타 옴 아로계 아로가

마지로가 지가란제 혜혜하례 마하모지 사다

바 사마라 사마라 하리나야 구로구로 갈마

사다야 사다야 도로도로 미연제 마하미연제

다라다라 다린 나례 새바라 자라자라 마라미

마라 아마라 몰제예혜혜 로계새바라 라아 미

사미 나사야 나베사미사미 나사야 모하자라

미사미 나사야 호로호로 마라호로 하례 바나
마나바 사라사라 시리시리 소로소로 못쟈못
쟈 모다야 모다야 매다리야 니라간타 가마사
날사남 바라하라나야 마낙 사바하 싯다야 사
바하 마하싯다야 사바하 싯다유예 새바라야
사바하 니라간타야 사바하 바라하 목카싱하
목카야 사바하 바나마 하따야 사바하 자가라
욕다야 사바하 상카섭나네 모다나야 사바하
마하라 구타다라야 사바하 바마사간타 이사
시체다 가릿나 이나야 사바하 먀가라 잘마니
바 사나야 사바하 나모라 다나다라 야야 나
막알야 바로기제 새바라야 사바하

사경한 날 :   년   월   일

신묘장구 대다라니 神妙章句 大陀羅尼

나모 라다나 다라야야 나막알약 바로기제 새
바라야 모지사다바야 마하사다바야 마하가
로 니가야 옴 살바 바예수 다라나 가라야 다
사명 나막 까리다바 이맘알야 바로기제 새바
라 다바 니라간타 나막하리나야 마발다 이사
미 살발타 사다남 수반아예염 살바보다남 바
바마라 미수다감 다냐타 옴 아로계 아로가
마지로가 지가란제 혜혜하례 마하모지 사다
바 사마라 사마라 하리나야 구로구로 갈마
사다야 사다야 도로도로 미연제 마하미연제
다라다라 다린 나례 새바라 자라자라 마라미
마라 아마라 몰제예혜혜 로계새바라 라아 미
사미 나사야 나베사미사미 나사야 모하자라

미사미 나사야 호로호로 마라호로 하례 바나
마나바 사라사라 시리시리 소로소로 못쟈못
쟈 모다야 모다야 매다리야 니라간타 가마사
날사남 바라하라나야 마낙 사바하 싯다야 사
바하 마하싯다야 사바하 싯다유예 새바라야
사바하 니라간타야 사바하 바라하 목카싱하
목카야 사바하 바나마 하따야 사바하 자가라
욕다야 사바하 상카섭나네 모다나야 사바하
마하라 구타다라야 사바하 바마사간타 이사
시체다 가릿나 이나야 사바하 먀가라 잘마니
바 사나야 사바하 나모라 다나다라 야야 나
막알야 바로기제 새바라야 사바하

사경한 날 :   년   월   일

신묘장구 대다라니 神妙章句 大陀羅尼

나모 라다나 다라야야 나막알약 바로기제 새
바라야 모지사다바야 마하사다바야 마하가
로 니가야 옴 살바 바예수 다라나 가라야 다
사명 나막 까리다바 이맘알야 바로기제 새바
라 다바 니라간타 나막하리나야 마발다 이사
미 살발타 사다남 수반아예염 살바보다남 바
바마라 미수다감 다냐타 옴 아로계 아로가
마지로가 지가란제 혜혜하례 마하모지 사다
바 사마라 사마라 하리나야 구로구로 갈마
사다야 사다야 도로도로 미연제 마하미연제
다라다라 다린 나례 새바라 자라자라 마라미
마라 아마라 몰제예혜혜 로계새바라 라아 미
사미 나사야 나베사미사미 나사야 모하자라

미사미 나사야 호로호로 마라호로 하례 바나
마나바 사라사라 시리시리 소로소로 못자못
쟈 모다야 모다야 매다리야 니라간타 가마사
날사남 바라하라나야 마낙 사바하 싯다야 사
바하 마하싯다야 사바하 싯다유예 새바라야
사바하 니라간타야 사바하 바라하 목카싱하
목카야 사바하 바나마 하따야 사바하 자가라
욕다야 사바하 상카섭나네 모다나야 사바하
마하라 구타다라야 사바하 바마사간타 이사
시체다 가릿나 이나야 사바하 먀가라 잘마니
바 사나야 사바하 나모라 다나다라 야야 나
막알야 바로기제 새바라야 사바하

사경한 날 :   년   월   일

53

신묘장구 대다라니 神妙章句 大陀羅尼

나모 라다나 다라야야 나막알약 바로기제 새
바라야 모지사다바야 마하사다바야 마하가
로 니가야 옴 살바 바예수 다라나 가라야 다
사명 나막 까리다바 이맘알야 바로기제 새바
라 다바 니라간타 나막하리나야 마발다 이사
미 살발타 사다남 수반아예염 살바보다남 바
바마라 미수다감 다냐타 옴 아로계 아로가
마지로가 지가란제 혜혜하례 마하모지 사다
바 사마라 사마라 하리나야 구로구로 갈마
사다야 사다야 도로도로 미연제 마하미연제
다라다라 다린 나례 새바라 자라자라 마라미
마라 아마라 몰제예혜혜 로계새바라 라아 미
사미 나사야 나베사미사미 나사야 모하자라

미사미 나사야 호로호로 마라호로 하례 바나
마나바 사라사라 시리시리 소로소로 못쟈못
쟈 모다야 모다야 매다리야 니라간타 가마사
날사남 바라하라나야 마낙 사바하 싯다야 사
바하 마하싯다야 사바하 싯다유예 새바라야
사바하 니라간타야 사바하 바라하 목카싱하
목카야 사바하 바나마 하따야 사바하 자가라
욕다야 사바하 상카섭나네. 모다나야 사바하
마하라 구타다라야 사바하 바마사간타 이사
시체다 가릿나 이나야 사바하 먀가라 잘마니
바 사나야 사바하 나모라 다나다라 야야 나
막알야 바로기제 새바라야 사바하

사경한 날 :   년   월   일

신묘장구 대다라니 神妙章句 大陀羅尼

나모 라다나 다라야야 나막알약 바로기제 새
바라야 모지사다바야 마하사다바야 마하가
로 니가야 옴 살바 바예수 다라나 가라야 다
사명 나막 까리다바 이맘알야 바로기제 새바
라 다바 니라간타 나막하리나야 마발다 이사
미 살발타 사다남 수반아예염 살바보다남 바
바마라 미수다감 다냐타 옴 아로계 아로가
마지로가 지가란제 혜혜하례 마하모지 사다
바 사마라 사마라 하리나야 구로구로 갈마
사다야 사다야 도로도로 미연제 마하미연제
다라다라 다린 나례 새바라 자라자라 마라미
마라 아마라 몰제예혜혜 로계새바라 라아 미
사미 나사야 나베사미사미 나사야 모하자라

미사미 나사야 호로호로 마라호로 하례 바나
마나바 사라사라 시리시리 소로소로 못쟈못
쟈 모다야 모다야 매다리야 니라간타 가마사
날사남 바라하라나야 마낙 사바하 싯다야 사
바하 마하싯다야 사바하 싯다유예 새바라야
사바하 니라간타야 사바하 바라하 목카싱하
목카야 사바하 바나마 하따야 사바하 자가라
욕다야 사바하 상카섭나네 모다나야 사바하
마하라 구타다라야 사바하 바마사간타 이사
시체다 가릿나 이나야 사바하 먀가라 잘마니
바 사나야 사바하 나모라 다나다라 야야 나
막알야 바로기제 새바라야 사바하

사경한 날 :   년   월   일

신묘장구 대다라니 神妙章句 大陀羅尼

나모 라다나 다라야야 나막알약 바로기제 새

바라야 모지사다바야 마하사다바야 마하가

로 니가야 옴 살바 바예수 다라나 가라야 다

사명 나막 까리다바 이맘알야 바로기제 새바

라 다바 니라간타 나막하리나야 마발다 이사

미 살발타 사다남 수반아예염 살바보다남 바

바마라 미수다감 다냐타 옴 아로계 아로가

마지로가 지가란제 혜혜하례 마하모지 사다

바 사마라 사마라 하리나야 구로구로 갈마

사다야 사다야 도로도로 미연제 마하미연제

다라다라 다린 나례 새바라 자라자라 마라미

마라 아마라 몰제예혜혜 로계새바라 라아 미

사미 나사야 나베사미사미 나사야 모하자라

미사미 나사야 호로호로 마라호로 하례 바나
마나바 사라사라 시리시리 소로소로 못쟈못
쟈 모다야 모다야 매다리야 니라간타 가마사
날사남 바라하라나야 마낙 사바하 싯다야 사
바하 마하싯다야 사바하 싯다유예 새바라야
사바하 니라간타야 사바하 바라하 목카싱하
목카야 사바하 바나마 하따야 사바하 자가라
욕다야 사바하 상카섭나네 모다나야 사바하
마하라 구타다라야 사바하 바마사간타 이사
시체다 가릿나 이나야 사바하 먀가라 잘마니
바 사나야 사바하 나모라 다나다라 야야 나
막알야 바로기제 새바라야 사바하

사경한 날 :　　　　년　　월　　일

신묘장구 대다라니 神妙章句 大陀羅尼

나모 라다나 다라야야 나막알약 바로기제 새
바라야 모지사다바야 마하사다바야 마하가
로 니가야 옴 살바 바예수 다라나 가라야 다
사명 나막 까리다바 이맘알야 바로기제 새바
라 다바 니라간타 나막하리나야 마발다 이사
미 살발타 사다남 수반아예염 살바보다남 바
바마라 미수다감 다냐타 옴 아로계 아로가
마지로가 지가란제 혜혜하례 마하모지 사다
바 사마라 사마라 하리나야 구로구로 갈마
사다야 사다야 도로도로 미연제 마하미연제
다라다라 다린 나례 새바라 자라자라 마라미
마라 아마라 몰제예혜혜 로계새바라 라아 미
사미 나사야 나베사미사미 나사야 모하자라

미사미 나사야 호로호로 마라호로 하례 바나
마나바 사라사라 시리시리 소로소로 못쟈못
쟈 모다야 모다야 매다리야 니라간타 가마사
날사남 바라하라나야 마낙 사바하 싯다야 사
바하 마하싯다야 사바하 싯다유예 새바라야
사바하 니라간타야 사바하 바라하 목카싱하
목카야 사바하 바나마 하따야 사바하 자가라
욕다야 사바하 상카섭나네 모다나야 사바하
마하라 구타다라야 사바하 바마사간타 이사
시체다 가릿나 이나야 사바하 먀가라 잘마니
바 사나야 사바하 나모라 다나다라 야야 나
막알야 바로기제 새바라야 사바하

사경한 날 :   년   월   일

신묘장구 대다라니 神妙章句 大陀羅尼

나모 라다나 다라야야 나막알약 바로기제 새
바라야 모지사다바야 마하사다바야 마하가
로 니가야 옴 살바 바예수 다라나 가라야 다
사명 나막 까리다바 이맘알야 바로기제 새바
라 다바 니라간타 나막하리나야 마발다 이사
미 살발타 사다남 수반아예염 살바보다남 바
바마라 미수다감 다냐타 옴 아로계 아로가
마지로가 지가란제 혜혜하례 마하모지 사다
바 사마라 사마라 하리나야 구로구로 갈마
사다야 사다야 도로도로 미연제 마하미연제
다라다라 다린 나례 새바라 자라자라 마라미
마라 아마라 몰제예혜혜 로계새바라 라아 미
사미 나사야 나베사미사미 나사야 모하자라

미사미 나사야 호로호로 마라호로 하례 바나
마나바 사라사라 시리시리 소로소로 못쟈못
쟈 모다야 모다야 매다리야 니라간타 가마사
날사남 바라하라나야 마낙 사바하 싯다야 사
바하 마하싯다야 사바하 싯다유예 새바라야
사바하 니라간타야 사바하 바라하 목카싱하
목카야 사바하 바나마 하따야 사바하 자가라
욕다야 사바하 상카섭나네 모다나야 사바하
마하라 구타다라야 사바하 바마사간타 이사
시체다 가릿나 이나야 사바하 먀가라 잘마니
바 사나야 사바하 나모라 다나다라 야야 나
막알야 바로기제 새바라야 사바하

사경한 날 :   년   월   일

63

신묘장구 대다라니 神妙章句 大陀羅尼

나모 라다나 다라야야 나막알약 바로기제 새
바라야 모지사다바야 마하사다바야 마하가
로 니가야 옴 살바 바예수 다라나 가라야 다
사명 나막 까리다바 이맘알야 바로기제 새바
라 다바 니라간타 나막하리나야 마발다 이사
미 살발타 사다남 수반아예염 살바보다남 바
바마라 미수다감 다냐타 옴 아로계 아로가
마지로가 지가란제 혜혜하례 마하모지 사다
바 사마라 사마라 하리나야 구로구로 갈마
사다야 사다야 도로도로 미연제 마하미연제
다라다라 다린 나례 새바라 자라자라 마라미
마라 아마라 몰제예혜혜 로계새바라 라아 미
사미 나사야 나베사미사미 나사야 모하자라

미사미 나사야 호로호로 마라호로 하례 바나
마나바 사라사라 시리시리 소로소로 못쟈못
쟈 모다야 모다야 매다리야 니라간타 가마사
날사남 바라하라나야 마낙 사바하 싯다야 사
바하 마하싯다야 사바하 싯다유예 새바라야
사바하 니라간타야 사바하 바라하 목카싱하
목카야 사바하 바나마 하따야 사바하 자가라
욕다야 사바하 상카섭나네 모다나야 사바하
마하라 구타다라야 사바하 바마사간타 이사
시체다 가릿나 이나야 사바하 먀가라 잘마니
바 사나야 사바하 나모라 다나다라 야야 나
막알야 바로기제 새바라야 사바하

사경한 날 :   년   월   일

신묘장구 대다라니 神妙章句 大陀羅尼

나모 라다나 다라야야 나막알약 바로기제 새
바라야 모지사다바야 마하사다바야 마하가
로 니가야 옴 살바 바예수 다라나 가라야 다
사명 나막 까리다바 이맘알야 바로기제 새바
라 다바 니라간타 나막하리나야 마발다 이사
미 살발타 사다남 수반아예염 살바보다남 바
바마라 미수다감 다냐타 옴 아로계 아로가
마지로가 지가란제 혜혜하례 마하모지 사다
바 사마라 사마라 하리나야 구로구로 갈마
사다야 사다야 도로도로 미연제 마하미연제
다라다라 다린 나례 새바라 자라자라 마라미
마라 아마라 몰제예혜혜 로계새바라 라아 미
사미 나사야 나베사미사미 나사야 모하자라

미사미 나사야 호로호로 마라호로 하례 바나

마나바 사라사라 시리시리 소로소로 못쟈못

쟈 모다야 모다야 매다리야 니라간타 가마사

날사남 바라하라나야 마낙 사바하 싯다야 사

바하 마하싯다야 사바하 싯다유예 새바라야

사바하 니라간타야 사바하 바라하 목카싱하

목카야 사바하 바나마 하따야 사바하 자가라

욕다야 사바하 상카섭나네 모다나야 사바하

마하라 구타다라야 사바하 바마사간타 이사

시체다 가릿나 이나야 사바하 먀가라 잘마니

바 사나야 사바하 나모라 다나다라 야야 나

막알야 바로기제 새바라야 사바하

사경한 날 :   년   월   일

신묘장구 대다라니 神妙章句 大陀羅尼

나모 라다나 다라야야 나막알약 바로기제 새
바라야 모지사다바야 마하사다바야 마하가
로 니가야 옴 살바 바예수 다라나 가라야 다
사명 나막 까리다바 이맘알야 바로기제 새바
라 다바 니라간타 나막하리나야 마발다 이사
미 살발타 사다남 수반아예염 살바보다남 바
바마라 미수다감 다냐타 옴 아로계 아로가
마지로가 지가란제 혜혜하례 마하모지 사다
바 사마라 사마라 하리나야 구로구로 갈마
사다야 사다야 도로도로 미연제 마하미연제
다라다라 다린 나례 새바라 자라자라 마라미
마라 아마라 몰제예혜혜 로계새바라 라아 미
사미 나사야 나베사미사미 나사야 모하자라

미사미 나사야 호로호로 마라호로 하례 바나
마나바 사라사라 시리시리 소로소로 못쟈못
쟈 모다야 모다야 매다리야 니라간타 가마사
날사남 바라하라나야 마낙 사바하 싯다야 사
바하 마하싯다야 사바하 싯다유예 새바라야
사바하 니라간타야 사바하 바라하 목카싱하
목카야 사바하 바나마 하따야 사바하 자가라
욕다야 사바하 상카섭나네 모다나야 사바하
마하라 구타다라야 사바하 바마사간타 이사
시체다 가릿나 이나야 사바하 먀가라 잘마니
바 사나야 사바하 나모라 다나다라 야야 나
막알야 바로기제 새바라야 사바하

사경한 날 :   년   월   일

신묘장구 대다라니 神妙章句 大陀羅尼

나모 라다나 다라야야 나막알약 바로기제 새

바라야 모지사다바야 마하사다바야 마하가

로 니가야 옴 살바 바예수 다라나 가라야 다

사명 나막 까리다바 이맘알야 바로기제 새바

라 다바 니라간타 나막하리나야 마발다 이사

미 살발타 사다남 수반아예염 살바보다남 바

바마라 미수다감 다냐타 옴 아로계 아로가

마지로가 지가란제 혜혜하례 마하모지 사다

바 사마라 사마라 하리나야 구로구로 갈마

사다야 사다야 도로도로 미연제 마하미연제

다라다라 다린 나례 새바라 자라자라 마라미

마라 아마라 몰제예혜혜 로계새바라 라아 미

사미 나사야 나베사미사미 나사야 모하자라

미사미 나사야 호로호로 마라호로 하례 바나
마나바 사라사라 시리시리 소로소로 못자못
쟈 모다야 모다야 매다리야 니라간타 가마사
날사남 바라하라나야 마낙 사바하 싯다야 사
바하 마하싯다야 사바하 싯다유예 새바라야
사바하 니라간타야 사바하 바라하 목카싱하
목카야 사바하 바나마 하따야 사바하 자가라
욕다야 사바하 상카섭나네 모다나야 사바하
마하라 구타다라야 사바하 바마사간타 이사
시체다 가릿나 이나야 사바하 먀가라 잘마니
바 사나야 사바하 나모라 다나다라 야야 나
막알야 바로기제 새바라야 사바하

사경한 날 :　　　　년　　월　　일

신묘장구 대다라니 神妙章句 大陀羅尼

나모 라다나 다라야야 나막알약 바로기제 새

바라야 모지사다바야 마하사다바야 마하가

로 니가야 옴 살바 바예수 다라나 가라야 다

사명 나막 까리다바 이맘알야 바로기제 새바

라 다바 니라간타 나막하리나야 마발다 이사

미 살발타 사다남 수반아예염 살바보다남 바

바마라 미수다감 다냐타 옴 아로계 아로가

마지로가 지가란제 혜혜하례 마하모지 사다

바 사마라 사마라 하리나야 구로구로 갈마

사다야 사다야 도로도로 미연제 마하미연제

다라다라 다린 나례 새바라 자라자라 마라미

마라 아마라 몰제예혜혜 로계새바라 라아 미

사미 나사야 나베사미사미 나사야 모하자라

미사미 나사야 호로호로 마라호로 하례 바나

마나바 사라사라 시리시리 소로소로 못쟈못

쟈 모다야 모다야 매다리야 니라간타 가마사

날사남 바라하라나야 마낙 사바하 싯다야 사

바하 마하싯다야 사바하 싯다유예 새바라야

사바하 니라간타야 사바하 바라하 목카싱하

목카야 사바하 바나마 하따야 사바하 자가라

욕다야 사바하 상카섭나네 모다나야 사바하

마하라 구타다라야 사바하 바마사간타 이사

시체다 가릿나 이나야 사바하 먀가라 잘마니

바 사나야 사바하 나모라 다나다라 야야 나

막알야 바로기제 새바라야 사바하

사경한 날 :   년   월   일

신묘장구 대다라니 神妙章句 大陀羅尼

나모 라다나 다라야야 나막알약 바로기제 새
바라야 모지사다바야 마하사다바야 마하가
로 니가야 옴 살바 바예수 다라나 가라야 다
사명 나막 까리다바 이맘알야 바로기제 새바
라 다바 니라간타 나막하리나야 마발다 이사
미 살발타 사다남 수반아예염 살바보다남 바
바마라 미수다감 다냐타 옴 아로계 아로가
마지로가 지가란제 혜혜하례 마하모지 사다
바 사마라 사마라 하리나야 구로구로 갈마
사다야 사다야 도로도로 미연제 마하미연제
다라다라 다린 나례 새바라 자라자라 마라미
마라 아마라 몰제예혜혜 로계새바라 라아 미
사미 나사야 나베사미사미 나사야 모하자라

미사미 나사야 호로호로 마라호로 하례 바나
마나바 사라사라 시리시리 소로소로 못쟈못
쟈 모다야 모다야 매다리야 니라간타 가마사
날사남 바라하라나야 마낙 사바하 싯다야 사
바하 마하싯다야 사바하 싯다유예 새바라야
사바하 니라간타야 사바하 바라하 목카싱하
목카야 사바하 바나마 하따야 사바하 자가라
욕다야 사바하 상카섭나네 모다나야 사바하
마하라 구타다라야 사바하 바마사간타 이사
시체다 가릿나 이나야 사바하 먀가라 잘마니
바 사나야 사바하 나모라 다나다라 야야 나
막알야 바로기제 새바라야 사바하

신묘장구 대다라니 神妙章句 大陀羅尼

나모 라다나 다라야야 나막알약 바로기제 새
바라야 모지사다바야 마하사다바야 마하가
로 니가야 옴 살바 바예수 다라나 가라야 다
사명 나막 까리다바 이맘알야 바로기제 새바
라 다바 니라간타 나막하리나야 마발다 이사
미 살발타 사다남 수반아예염 살바보다남 바
바마라 미수다감 다냐타 옴 아로계 아로가
마지로가 지가란제 혜혜하례 마하모지 사다
바 사마라 사마라 하리나야 구로구로 갈마
사다야 사다야 도로도로 미연제 마하미연제
다라다라 다린 나례 새바라 자라자라 마라미
마라 아마라 몰제예혜혜 로계새바라 라아 미
사미 나사야 나베사미사미 나사야 모하자라

미사미 나사야 호로호로 마라호로 하례 바나 마나바 사라사라 시리시리 소로소로 못쟈못쟈 모다야 모다야 매다리야 니라간타 가마사 날사남 바라하라나야 마낙 사바하 싯다야 사바하 마하싯다야 사바하 싯다유예 새바라야 사바하 니라간타야 사바하 바라하 목카싱하 목카야 사바하 바나마 하따야 사바하 자가라 욕다야 사바하 상카섭나네 모다나야 사바하 마하라 구타다라야 사바하 바마사간타 이사시체다 가릿나 이나야 사바하 먀가라 잘마니바 사나야 사바하 나모라 다나다라 야야 나막알야 바로기제 새바라야 사바하

사경한 날 :   년   월   일

● 사경관념문(寫經觀念文) ●────────────

물은 대자비로 흐른 지혜의 물이요 먹은 깊은 선정의 굳은 먹입니다. 이제 한마음으로 실상법신의 문자를 옮겨 씁니다.

이 문자는 삼세제불의 깊고 깊은 가르침이며 모든 부처님의 진실한 참모습입니다.

이 말씀은 선정과 지혜의 법문이니 나와 남을 위하는 공덕이 두루 갖춰져 있습니다.

그리하여 이 경의 말씀은 온 누리의 모든 중생을 살펴보아 근기에 맞춰 설법해 널리 이웃을 이롭게 합니다.

이런 까닭에 저희 불자들은 지금 신묘장구대다라니 사경 법회를 봉행합니다.

원컨대 이 공덕으로 저희들과 더불어 착한 덕을 쌓는 이는 물론 온 누리의 중생이 끝없는 옛적부터 몸과 입과 생각으로 지어 온 모든 허물이 남김없이 소멸되어 살아서는 소원을 성취하고 죽음을 맞아서는 바른 생각으로 부처님을 잊지 않고 진리의 참모습을 살펴서 불도를 깨달아 윤회의 바다를 벗어나게 하여지이다.

● 사경회향문(寫經廻向文) ●────────────

사경공덕 수승하여 복과 지혜 자라나니
몸과 마음 굳게 가져 보리심을 발합니다.
저와 함께 모든 이웃 보현행원 함께 닦아
세세생생 보살의 길 나아가기 원합니다.

여기 이 문자는 시방 삼세의 모든 부처님의 진실한 참모습이며 깊은 가르침입니다.

이 사경의 공덕 더없이 뛰어나서 복과 지혜 더욱 자라나고 마음 마음마다 보리심이요, 생각 생각마다 자비심입니다.

가족과 모든 이웃들이 보현보살님의 행원을 닦고 닦아 세세생생토록 보살의 길로 나아가길 원하옵니다. 진리의 기쁨이 날로 늘어가고 지혜의 문은 환하게 열리어 모두가 즐거운 정토세계로 나아가기 원하옵니다.

몸과 마음 굳게 가져 보리심을 발합니다.

나무 석가모니불. 나무 석가모니불. 나무 시아본사 석가모니불.

조계종 표준

신묘장구 대다라니 사경본 (사철제본)

초판 1쇄 펴냄   2017년 5월 15일
초판 8쇄 펴냄   2024년 10월 20일

펴 낸 이   원명
펴 낸 곳   (주)조계종출판사

출판등록   제2007-000078호(2007. 4. 27)
주   소   서울시 종로구 삼봉로 81 두산위브파빌리온 1308호
전   화   (02)720-6107
팩   스   (02)733-6708
구입문의   불교전문서점 향전(www.jbbook.co.kr) 02-2031-2070

ISBN 979-11-5580-096-3 (03220)